AF263827

ÉLOGE FUNÈBRE

DE

MONSIEUR L'ABBÉ PRUDENCE-SÉRAPHIN-BARTHÉLÉMI

GIRARD

PRO-VICAIRE APOSTOLIQUE DU JAPON

Prononcé le 9 juin 1868, au Service solennel célébré dans l'église d'Henrichemont

Par l'Abbé Gabriel-Ursin TRUMEAU

CHANOINE HONORAIRE, CURÉ-DOYEN DE LEVROUX, DIOCÈSE DE BOURGES.

> « *Il est à nous, quoique sa tombe se trouve dans*
> « *une cité étrangère* ».
>
> (Hymne du poëte Prudence, au IVe siècle, en
> l'honneur du martyr Vincent.)

BAR-LE-DUC

IMPRIMERIE LOUIS GUÉRIN ET Cie

RUE DE LA ROCHELLE, 49-51.

—

1868

ÉLOGE FUNÈBRE

DE

NSIEUR L'ABBÉ PRUDENCE-SÉRAPHIN-BARTHÉLÉMI

GIRARD

PRO-VICAIRE APOSTOLIQUE DU JAPON

ononcé le 9 juin 1868, au Service solennel célébré dans l'église d'Henrichemont

Par l'Abbé Gabriel-Ursin TRUMEAU

CHANOINE HONORAIRE, CURÉ-DOYEN DE LEVROUX, DIOCÈSE DE BOURGES.

« Il est à nous, quoique sa tombe se trouve dans
« une cité étrangère ».

(Hymne du poëte Prudence, au IVe siècle, en
l'honneur du martyr Vincent.)

BAR-LE-DUC

IMPRIMERIE LOUIS GUÉRIN ET Cie

RUE DE LA ROCHELLE, 49-51.

—

1868

ÉLOGE FUNÈBRE

DE MONSIEUR L'ABBÉ

Prudence - Séraphin - Barthélémi GIRARD

PRO-VICAIRE APOSTOLIQUE DU JAPON

Non in vacuum cucurri, neque in vacuum laboravi. Sed et si immolor suprà sacrificium, et obsequium fidei vestræ, gaudeo, et congratulor omnibus vobis.

Je n'ai ni couru ni travaillé en vain. Mais quand même je serais immolé après le sacrifice et l'offrande de votre foi, j'en aurais de la joie, et je m'en réjouirais avec vous tous.

(*Epître aux Philip.*, v. 16, 17.)

MES FRÈRES ,

Qu'attendez-vous de ma parole en ce moment, et quel accent doit-elle prendre pour vous dire qu'une vie d'apôtre s'est éteinte, il y a quelques mois à peine, dans le Japon ? Quelle doit être mon attitude en face d'une tombe lointaine d'où nous arrivent des souvenirs à la fois si douloureux et si consolants ? D'une part, je me sens le cœur plein de larmes, en songeant qu'une contrée, qui refuse l'hospitalité à l'Evangile, dût l'accorder sitôt à la dépouille mortelle d'un missionnaire français, enfant de ce diocèse et de cette cité, où nous avions

vu sa première jeunesse s'épanouir entre les ten-
dresses d'une famille adorée et l'affection de tous
ses compatriotes. D'autre part, il y a dans la mort
des héros chrétiens quelque chose de si beau, si
glorieux, si digne d'envie, que je craindrais d'in-
sulter à la divine Providence en lui demandant
pourquoi elle a pris en pleine floraison une vie
déjà si féconde, et qui n'attendait qu'un ordre d'en
haut pour verser en plus grande abondance encore,
sur un peuple ignorant et cruel, les plus précieuses clartés de l'Evangile. Dieu, qui dispense à
l'arbre sa mesure de sève, compte aussi à l'ouvrier ses heures de travail. Il cueille le fruit quand
il est mûr, et il appelle au repos l'ouvrier qui, par
un surcroît de labeur, a accompli sa tâche avant la
fin du jour.

Et quelle rude tâche que celle d'un pionnier de
l'Evangile, travaillant sans relâche en plein désert
de l'idolâtrie, creusant, sous le souffle de toutes les
tempêtes, un sillon qu'il fécondera, sans avoir la
consolation de compter ses gerbes ! Quand le tra-
vailleur aura succombé à ce poste, dirons-nous
qu'il y est mort ? Non ; nous dirons plutôt avec
Tertullien qu'il y a été emporté sur un chariot
de gloire : *tali curru triumphamus.*

En effet, la mort d'un homme apostolique n'a
rien de cette laideur qui caractérise un trépas

vulgaire, et les regrets les plus légitimes viennent s'éteindre en quelque sorte dans l'ombre des visions célestes qui vous arrivent de l'autre côté de l'existence.

Voilà pourquoi ce cénotaphe, si triste d'ordinaire, renvoie en ce moment à l'œil de ma foi une lumière si sereine. Voilà pourquoi la famille ici présente de notre cher missionnaire sait tempérer sa douleur, lors même qu'elle n'a pu recevoir le dernier adieu et la suprême étreinte d'un être chéri qu'à travers huit mille lieues de l'Océan. Enfin, voilà pourquoi, dans ces chants funéraires que vous venez de suspendre pour me donner la parole, il y a, j'ose le dire, si peu de notes lugubres et des intonations si pleines d'espérances.

Aussi, je veux écarter en ce moment toutes les images de deuil qui nous environnent ; je veux essayer d'oublier ma propre douleur pour ne songer qu'aux intérêts de la sainte Eglise que notre cher missionnaire a si puissamment servis.

Mais comment résumer une vie si bien remplie ? En deux mots peut-être : IMMOLATION et DÉVOUEMENT. Immolation de lui-même ; dévouement héroïque à l'œuvre de la propagation de l'Evangile. Si je ne me trompe, voilà les deux sommets principaux qui reflètent leur lumière sur la vie et la mort de notre ami et compatriote PRUDENCE-SÉRAPHIN-

Barthélémi GIRARD, Pro-Vicaire apostolique du Japon.

I.

Il y a déjà plus de dix-huit siècles que le divin Fondateur de l'Eglise, rassemblant une poignée d'hommes timides dont il voulait faire des héros, leur découvrait ses cicatrices glorieuses, rayonnantes ; puis, leur montrant la terre entière : — « Allez sur ma parole, leur disait-il, vous autres que j'ai faits pêcheurs d'hommes ; prenez le filet de l'Evangile et jetez-le sur l'océan des nations. Allez, exercez partout l'apostolat de la charité. Allez, car la parole veut qu'on marche ; allez par les déserts, par les montagnes, par les océans, sous les climats les plus meurtriers ; franchissez tout cela sur les ailes du courage et de l'amour. Allez comme des brebis au milieu des loups ; mais que, en vous dévorant, les loups soient transformés par la sainte contagion de l'Evangile ; qu'ils deviennent brebis à leur tour sous la magie conquérante de vos sueurs et de votre sang. Quand vous aurez succombé à ce labeur divin, j'enverrai d'autres ouvriers pour continuer votre œuvre, et je ferai cela jusqu'à la fin des temps » .

Et depuis dix-huit siècles, les pêcheurs sont à leur travail; leur barque tient toujours la haute mer, et le jour, la nuit, sous toutes les latitudes, le filet de la prédication évangélique ne cesse de tomber sur les peuples.

Tout prêtre, nous le savons, est appelé à cette œuvre ; en lui touchant le front au jour de son sacerdoce, l'évêque lui a dit : — je te crée missionnaire : va, enseigne, prêche, annonce Jésus-Christ à ceux qui attendent la rédemption. Cependant, tout prêtre n'a pas reçu la mission spéciale de porter en des terres lointaines les riches fontaines de l'Evangile; le champ de l'apostolat peut être limité aux frontières d'une cité, d'une province, de la patrie. Mais quand Dieu prend par la main un homme choisi entre mille, et que, le conduisant sur les hauteurs, il abaisse devant lui les remparts de la patrie et les barrières de l'Océan ; quand, lui faisant plonger son regard par-delà tous les horizons connus, il lui dit : — Vois-tu là bas, aux extrémités du monde, ces peuples qui n'ont jamais entendu parler de moi? veux-tu leur porter mon nom? Pour cela, il te faudra dire adieu à tout ce que tu aimes, faire un holocauste de tes goûts, de tes habitudes, de ta santé, de ta vie même : oui, de ta vie, car déjà ces peuples barbares se sont enivrés du sang de tes frères ; ils auront soif du tien. Le veux-tu ? » Si cet homme répond sans hésiter : Oui, mon Dieu, je le veux ! *Deus meus, volui* (1)*!* je suis prêt : *paratum cor meum* (2); quel nom lui donnerez-vous ? Ce nom, le chercherez-vous dans le vocabu-laire terrestre ? Vous ne l'y trouveriez pas. Ce n'est que dans les archives du ciel que se trouve inscrit le nom d'un envoyé du Seigneur. Montez dans la région des anges, et l'on vous dira pourquoi un petit enfant, né dans cette cité le cinquième jour d'avril de l'an de grâce mil huit cent vingt-un, recevait au baptême le nom mystérieux de *Séraphin*. Puisqu'il s'appelle Séraphin, Dieu lui donnera des ailes pour porter à travers les espaces la flamme éternelle de l'Evangile : *vidi alterum angelum volantem per medium cœli, habentem Evangelium æternum* (3).

Cet enfant a donc déjà une place réservée dans le plan providentiel ; il porte une marque divine qui s'appelle la vocation.

La vocation est un attrait puissant qui, le plus ordinairement, s'éveille dès le bas âge, grandit et se fortifie avec les années. Et quand elle s'est creusé un lit dans une âme droite et forte, elle n'en sort plus ; la grâce de Dieu l'y enchaîne jusqu'au jour où elle doit prendre son essor.

(1) Ps. XXXIX.
(2) Ps. LVI.
(3) Apoc., XIV.

A peine âgé de quatre ans, le petit Séraphin Girard songe au sacerdoce : on dirait qu'il sent pousser dans son âme ces ailes divines qui l'élèveront si haut et le porteront si loin. A la pieuse tante qui lui tient lieu de mère, il répète sans cesse : « Je veux faire un prêtre ». Un respectable ecclésiastique (1), auquel est confié le soin de sa première éducation, affirme avec une conviction inébranlable que cet enfant, par sa piété précoce, son amour de l'étude et les qualités exquises de son caractère, prélude infailliblement aux devoirs sacrés du ministère des âmes.

A dix ans et quelques mois, il est jugé digne d'être admis à la table sainte ; et, à peine entré au petit séminaire de Bourges, il va trouver le pieux et regretté supérieur de cet établissement (2), homme d'une rare intelligence, mais avant tout, homme de cœur qui a fait éclore dans ce diocèse tant de germes de vocations ecclésiastiques, et a dressé au sacerdoce un piédestal si large et si haut. Il va le trouver et, se jetant dans ses bras : « Je suis cruellement tourmenté, lui dit-il, j'aspire à devenir missionnaire, et, si vous voulez bien me le permettre, je partirai de suite ». Quelle résolution ! quelle foi prompte et robuste ! Ne croirait-on pas

(1) M. Bias, ancien curé de Châteaumeillant.
(2) M. l'abbé Michaud.

entendre ces princes de l'Orient dont parle l'Evangile : *Vidimus…. et venimus?* A la première lueur de l'étoile, nous sommes partis (1).

Vers la même époque, dans une conversation intime avec sa mère adoptive, il hasarde une de ces paroles qui portent avec elles l'éclair et la foudre ; il sait que cette parole va tomber sur un cœur tendre, facile à prendre l'alarme, et qu'une blessure est inévitable. Mais il est des heures où la pensée divine ne consent pas à se laisser enchaîner ; elle est alors si pesante aux lèvres que celles-ci ne sauraient garder longtemps l'équilibre. — « Ma tante, « s'écrie-t-il, si tu le voulais, je donnerais ma tête « aux Chinois ». Et c'est un enfant de quatorze ans qui déjà rêve du martyre ! Il lui tarde de voir l'autel se dresser et d'être lui-même, à cet âge où la vie est si riante et bercée de si douces illusions, une victime volontaire brûlée et consumée par la plus pure et la plus noble de toutes les flammes !

Au mois d'octobre 1838, il entre au grand séminaire. L'atmosphère de régularité et de piété qu'on y respire donne à sa vocation une trempe plus vigoureuse encore. Malgré de saintes impatiences, cette vocation se donne à elle-même un frein, elle se laisse épurer, comme l'or, au creuset de la prière

______

(1) S. Matth., chap. II, v. 2.

et de l'étude. On dirait une lampe brûlant discrè-
tement devant l'autel, en attendant qu'elle soit
placée sur le candélabre. Il eût été difficile que cette
lampe, allumée au cœur de Monsieur Girard, ne
rayonnât pas autour de lui : aussi, plusieurs de ses
actes tendaient-ils à trahir le secret de sa pensée intime. Est-il un seul de ses condisciples qui ne l'ait
vu tout absorbé dans la lecture des Annales de la
Propagation de la foi ? Comme ces sublimes épopées
de la vie et de la mort des athlètes du Christ en pays
étrangers semblaient le captiver et le transporter !
Que de fois aussi, pendant les longues promenades
de la belle saison, nous l'avons surpris agenouillé
en face des stations de la voie douloureuse, s'étu-
diant à la souffrance par une compréhension plus
profonde de la divine philosophie du Calvaire ! Par-
fois il y restait immobile durant des heures entières,
la poitrine gonflée, le visage à demi transfiguré, et
l'on eût pu se demander alors s'il n'avait pas perdu
la conscience de sa matérialité, s'il n'était pas
comme endormi dans le divin magnétisme de la
Croix.

A peine admis dans les ordres mineurs, il désire
provoquer une manifestation plus claire de la vo-
lonté divine ; il veut qu'elle soit appelée au con-
trôle de ses projets, et dans ce but, il se rend en
pèlerinage au sanctuaire de Notre-Dame de Char-

tres, après un trajet à pieds de plus de soixante lieues.

Enfin le cénacle s'était ouvert aux aspirations du pieux jeune homme ; le sacerdoce, qu'il reçut le 17 mai 1845, avait couronné tant de généreux désirs, et allait en même temps offrir à son âme ardente un nouveau champ d'activité pour l'exercice de son apostolat. Ce fut à Bourges, dans la paroisse de Saint-Pierre-le-Guillard, qu'il commença et poursuivit avec une incessante énergie le travail de Dieu : *manum suam misit ad fortia* (1). Ce fut là qu'il se familiarisa graduellement avec ces privations, ces austérités secrètes par lesquelles il préludait à de futures immolations. Et, qu'on me permette ce souvenir personnel, c'est de là qu'il me transmit les premières confidences des pensées qui le travaillaient. Je conserve comme une relique une lettre qu'il m'écrivait à cette époque, et dont je ne puis résister à vous citer quelques passages, car le futur apôtre du Japon s'y révèle sous des traits qui le font mieux connaître que tous les discours. Et, pour le dire en passant, si nous voulions lui ériger un monument, nous n'aurions qu'à rassembler ses lettres : il aurait un diadème ciselé de ses propres mains.

(1) Prov., chap. XXXI, v. 19.

Voici ce qu'il m'écrivait :

« J'éprouve de la confiance pour vous, et j'as-
« pire aux honneurs de la vôtre. Laissez-moi donc
« vous dire que mon esprit travaille ; et, si ce
« n'est un vain jeu de mon imagination ou une
« ruse du malin qui voudrait me faire croire
« à une générosité qui n'est peut-être pas au
« fond de mon cœur, j'espère que, tôt ou tard,
« avant peut-être que j'aie trente ans, Jésus-Christ
« me comptera au nombre des propagateurs de sa
« doctrine chez les peuples les plus délaissés jus-
« qu'à présent. C'est là depuis longtemps mon
« vœu et mon but. Dieu veuille que je ne me
« fasse pas illusion sur mes dispositions et ses vo-
« lontés ! Ceci entre nous deux, vous comprenez :
« les projets éventés perdent de leur force comme
« les liqueurs, ou même s'évaporent et se dissi-
« pent comme les gaz. Oui ; mais je ne prétends
« pas répandre les miens en vous les faisant con-
« naître ; je vous parle comme à celui qu'on a
« choisi pour s'entretenir de ses secrets. Mon cher,
« la foi souffre bien en Russie, en Allemagne, en
« Prusse, en Angleterre, en France même ; hélas !
« où ne souffre-t-elle pas ? Des peuples nombreux,
« de grandes nations, grandes au moins par le
« nombre, c'est ma pensée, semblent vouloir lever
« les yeux à la lumière, tendre les oreilles aux en-

« seignements du christianisme, ouvrir leurs cœurs
« à ses consolations. Pourquoi les ouvriers man-
« queraient-ils, quand la moisson est blanche? J'ai
« été navré, l'autre jour, en lisant sur notre feuille
« que M. Duclos et Mgr. Lefebvre avaient été pris
« au mois de septembre dernier, je crois, en ren-
« trant dans leur chrétienté de Basse Cochin-
« chine ; que le premier était mort quatre jours
« après l'arrestation, et le second avait été conduit
« dans les prisons de la capitale. On ne sait ce qui
« lui sera arrivé. Je lui écrivais, il y a cinq ou six
« ans, du séminaire en Cochinchine, une lettre
« dans le sens des paroles que je viens de vous dire
« à l'oreille. Compte-t-il sur moi? Prie-t-il, avant
« d'être jugé et condamné peut-être, pour que sa
« chrétienté ne soit pas abandonnée? je suis prêt,
« je crois, à toutes les heures du jour et de la nuit,
« à faire ce que Dieu ordonnera. Mais je me trouve
« trop ignorant, trop peu solidement ferré de con-
« naissances et de vertu pour entreprendre de suite
« ce voyage important. Je ne sais aussi si je fais
« bien d'attendre : Dieu veut de l'empressement,
« de l'ardeur, du zèle. Avant deux ou trois ans, je
« ferai un tour à Vaugirard, au séminaire des
« Missions Etrangères, et là peut-être un Ananie
« m'attend. Dieu soit loué ! Priez beaucoup pour
« un ami qui vous aime tendrement ».

Vous le voyez, le jeune vicaire a déjà établi tout le calcul de sa vie ; un besoin presque irrésistible d'immolation le presse ; et quand le Verbe de Dieu sortira du buisson de Moïse pour l'appeler à l'investiture de l'apostolat qu'il a rêvé, il veut pouvoir répondre : « Me voici ! »

Mes Frères, quand on a tout donné, que peut-il rester encore ? Rien, ce semble. Eh bien ! il reste au cœur une fibre tellement délicate et forte que chercher à la déraciner, c'est ébranler tout l'être humain, c'est disloquer en quelque sorte toute l'existence. Cette fibre, qui survit à tout , c'est l'affection de famille. Est-il nécessaire de rappeler à des témoins quelle large place cette affection occupait dans le cœur de Monsieur l'abbé Girard ? A quoi bon réveiller des souvenirs déchirants, en disant la lutte terrible, effroyable qu'il eut à soutenir contre lui-même pour dire adieu à tout ce qu'il chérissait le plus ici-bas ? Je n'oublierai jamais qu'il vint ici s'armer de courage pour le départ, aux pieds de l'illustre martyr et patron de cette église (1), dont ce jour-là même, on chantait les nobles combats. Sans qu'ils s'en doutassent, c'était pour plusieurs membres de sa famille, et des plus chers, la dernière entrevue. Il mit sur sa

(1) Saint Laurent, diacre.

poitrine une triple cuirasse d'airain pour mieux leur conserver les trésors de sa tendresse ; puis, il les embrassa, il nous embrassa tous pour la dernière fois, sans qu'une émotion apparente vînt trahir son secret, sans qu'une larme de ses yeux nous initiât au crucifiement de son cœur. Ce jour-là, tout fut consommé ; la victime s'était portée elle-même le dernier coup ; elle était tombée au sommet le plus élevé de l'autel ; mais en tombant, elle avait vaincu : *Occidi potest, vinci non potest* (1). Quelques jours après, la porte du séminaire des Missions étrangères s'ouvrait au futur apôtre du Japon.

Au travail de l'immolation va succéder maintenant l'héroïsme du dévouement.

II

Jésus-Christ était hier ; il est aujourd'hui ; il sera demain ; il est de tous les siècles, de tous les pays. Il poursuit sa marche à travers les âges, escorté de ses miracles, de ses apôtres, de ses martyrs. Voya-

(1) S. Gregor. Magn., lib. 31 ; Moral., cap. xv.

geur adorable, portant avec lui le programme de la vie surnaturelle des peuples et la solution du grand problème de leurs destinées futures, il va sur tous les chemins, tous les océans, tous les rivages ; il ne s'arrête que pour bénir et appeler à lui tout ce qui souffre, tout ce qui pleure, tout ce qui a faim de vérité, d'espérance et de vie. Sa mission est de restaurer toutes choses : *Omnia instaurare in Christo* (1). Mais il se fait suivre dans toutes les voies de son pèlerinage de ceux qu'il a choisis pour continuer son œuvre de restauration. Depuis bientôt deux mille ans il marche avec eux, il pleure avec eux, il chante avec eux. Il descend avec eux dans les profondeurs obscures des catacombes : *descenditque cum illo in foveam* ; (2) il ne les délaisse point dans les chaînes ou sous la cangue : *et in vinculis non dereliquit illum ;* (3) il envoie des clartés éternelles dans les cachots où ont été jetés ses martyrs : *et dedit illi claritatem æternam.* (4) Il a pour ceux qui travaillent et souffrent avec lui des sollicitudes pleines de tendresse. Il veut être leur manteau contre la pluie et le froid : *in pluvia et frigore tegumentum ;* leur ombrage contre les feux du

(1) Ep. aux Eph., chap. 1, v. 10.
(2) Sagesse, chap. x, v. 13.
(3) V. 14,
(4) V. 14.

soleil : *in æstu umbraculum;* leur char contre les fatigues de la route : *in via solatium, in lassitudine vehiculum;* leur force dans l'épreuve : *in adversitate præsidium;* leur bâton sur les pentes dangereuses : *in lubrico baculus;* leur abri contre la tempête : *in naufragio portus.* (1)

O divin Voyageur, voici un missionnaire qui demande à vous accompagner sur une terre lointaine ; ouvrez-lui donc les portes du cénacle. Qu'il parte, appuyé sur votre bras, la tête inclinée sur votre cœur ; qu'il touche à la frontière la plus reculée de l'Orient, et que, en la voyant, il puisse s'écrier : « Ton Dieu règnera sur toi ! » (2)

Allez maintenant, apôtre intrépide ; ardent Séraphin, déployez vos ailes ; volez, volez à travers les espaces, au-delà de l'Océan ; défiez la tempête ; embrassez du regard ce Japon que vous avez tant convoité ; François-Xavier vous appelle, il vous tend les bras. Du haut de leur colline empourprée d'un sang généreux, les vingt-six martyrs de Nangasaki vous saluent et vous acclament. Hâtez-vous, car le jour peut baisser, et les heures de la vie sont si courtes ! Si vous rencontrez sur votre chemin des enfants, faites-en des hommes. Si des

(1) Bréviaire Rom. Itinér.
(2) Isaïe, chap. LII, v. 7.

tigres altérés du sang des étrangers vous barrent le passage, faites-en des agneaux, des chrétiens, des martyrs. Vos pieds ont été chaussés pour la propagation de l'Evangile de paix ; (1) qu'ils laissent une empreinte féconde sur ces plages inhospitalières qu'ils vont fouler. Parlez aux monarques de ces puissantes contrées, parlez à leurs sujets. Dites-leur, avec l'indépendance d'une bouche de fer, que l'Eglise de Jésus-Christ réclame sa place au soleil de la liberté, que l'ère des bourreaux doit être fermée à tout jamais, et qu'un peuple ne saurait être grand s'il n'entre franchement dans le courant de la civilisation chrétienne.

Cette voix qui semble venir du ciel, Monsieur Girard l'a entendue. Il prend à Anvers le chemin de l'Océan, et, après une traversée d'environ quatre mois, il débarque à Hong-Kong la joie dans le cœur, le *Te Deum* à la bouche. (2)

Il a donc enfin posé le pied sur ce sol qui a bu le sang des Borie, des Perboyre, des Gagelin, des Cornay, des Schœffler, des Bonnard. C'est bien là le sol de la conquête qu'il a rêvé. — « J'ai fait huit « mille lieues pour sauver une âme, écrit-il, est-ce « trop ? Non, non ». Pendant six années consécu-

---

(1) Epître aux Eph., chap. VI, v. 15.
(2) *Tunc repletum est gaudio os nostrum : et lingua nostra exultatione,* Ps. CXXV.

tives, il se dépense nuit et jour pour le salut de ces pauvres idolâtres que la foélogie des bonzes tient rivés à tous les abrutissements. Selon son expression, il travaille « à plein corps et de toutes ses forces ». Il prêche, il baptise, il confesse, il se fait tout à tous. Il mène de front l'étude des langues anglaise, portugaise, chinoise, japonaise. Suivez-le, tantôt annonçant la parole sainte aux Portugais venus de Macao à Hong-Kong pour leur commerce, tantôt encourageant la foi éprouvée des Irlandais. Le port de Canton offre une résidence aux catholiques européens, et ceux-ci réclament un missionnaire à poste fixe. Monsieur Girard, homme de la Providence, est aussi l'homme de leur choix. Tous ceux qui l'approchent sont subjugués par l'ascendant de sa vertu, de son héroïque abnégation, et surtout de son inaltérable mansuétude. Les protestants eux-mêmes ne peuvent résister aux séductions de son zèle et de sa charité; ils viennent lui ouvrir leur cœur et lui témoigner la profonde estime que leur inspire une religion qui produit de tels ministres.

Afin que la grâce puisse aborder à tous les points de sa mission, Monsieur Girard fait construire une chapelle flottante. L'Esprit de Dieu plane de nouveau sur les eaux, et Jésus-Christ enseigne encore les foules, monté dans une barque comme jadis sur le lac de Génézareth. L'infatigable missionnaire se dédouble en quelque sorte pour atteindre plus promptement les âmes qu'il veut enfanter à Jésus-Christ.

A peine remis d'une fièvre typhoïde qui l'a conduit aux portes du tombeau, il se dirige avec une intrépidité presque téméraire vers les postes plus avancés du Céleste-Empire. Il apprend que, à Magni, des pestiférés sont entassés pêle-mêle dans une salle où personne n'ose pénétrer ; il y entre sans tenir aucun compte de sa propre vie ; il aborde un moribond dont il a le bonheur de comprendre la langue, il le baptise et lui ouvre le ciel. Ailleurs, il rencontre un païen qu'on mène au supplice : il l'approche avec cette hardiesse expansive que donne la soif d'une âme ; il lave dans le bain du baptême et de l'absolution cette tête qui va tomber sous le couteau ; et de l'échafaud l'heureux condamné monte au paradis. Si je ne me trompe, c'est bien là ce que l'apôtre saint Paul eût appelé combattre le bon combat : *Bonum certamen certavi.* (1)

Les flèches d'or de l'amour, a dit le cardinal Pierre Damien, sont plus pénétrantes que les flèches de fer des tyrans : *Acutiora sunt tela aurea amoris quam ferrea tyranni.* Ces premières flèches

______

(1) II Tim., chap. IV, v. 7.

sont entrées bien avant dans le cœur de Monsieur Girard, et la divine blessure qu'elles y ont faite le rend impatient de nouvelles conquêtes. Il est agité, tourmenté, entraîné comme le cerf qui cherche à fuir avec le trait du chasseur suspendu à ses flancs.

Saint Augustin avait conçu trois désirs : voir saint Paul devant l'aréopage, Cicéron à la tribune aux harangues et Rome en un jour de triomphe. Monsieur l'abbé Girard n'a jamais eu qu'une ambition : voir le Japon, y pénétrer et planter au cœur de l'idolâtrie le drapeau de l'Evangile. Le Japon ! c'était le mot d'ordre de toute sa vie ; Rome et le Japon ! Toujours le Japon ; ce sera son dernier chant de victoire sur le seuil de l'éternité. Mais le Japon a des barrières infranchissables aux nations européennes ; le Japon, en outre, a fait contre Jésus et ceux qui le prêchent des lois dans lesquelles il y a du sang. S'il faut du sang, Monsieur Girard donnera le sien. Est-ce qu'il n'y a pas du sang à la racine de toute grande chose ? Que lui importe ? Mourir au centre de la Terre promise, c'est une gloire qu'il ambitionne ; mourir du moins à ses portes, c'est une consolation qu'il espère : elle ne lui sera pas refusée.

Il s'embarque sur un vaisseau marchand qui le jette aux rives du Japon tout étonnées de revoir un envoyé de Dieu à trois siècles de distance de

François-Xavier. Pendant quatre ans il lui faut vivre au milieu d'un peuple malveillant, sous une législation hostile et dont la haine jalouse des bonzes augmente encore les rigueurs. Il attend le signal de la Providence aux îles Licou-Kicou, et là il n'a pour toute nourriture que de la poussière de très-mauvais riz cuit à l'eau boueuse ; *usque in hanc horam et esurimus et sitimus* (1). L'attente a été longue, les privations et les souffrances ont été cruelles ; mais il a été de taille à les supporter, et Dieu lui a tenu en réserve une immense consolation.

Les barrières du Japon tomberont enfin devant les nations européennes, et M. Girard ne sera pas le dernier à les franchir. La diplomatie sera pour quelque chose sans doute dans ce grand événement, mais elle n'aura été qu'un instrument docile entre les mains de Celui qui gouverne tout dans la force et la suavité de ses desseins éternels. « L'homme s'agite ! Dieu le mène ! » Cette fois encore pas une syllabe ne sera retranchée à cette parole.

Le jour même de son entrée au Japon, M. Girard, sous le costume d'officier et la protection du Ministre de France (2), se présente devant le roi et lui parle avec cette liberté évangélique qui ne

(1) I Cor., chap. IV, v. 11.
(2) M. de Bellecour.

sait ni trembler ni reculer : *loquebar in testimoniis tuis in conspectu regum : et non confundebar* (1). Le lendemain, nouvelle audience du roi et de la reine. Le missionnaire, — qui croirait à cette pieuse audace? — porte le vêtement distinctif du prêtre, et il plaide de nouveau avec une sainte énergie pour la libre expansion de la religion de Jésus. Ceux qui l'ont vu et entendu pourraient nous dire si son visage s'illumina soudainement comme autrefois celui d'Etienne devant le Sanhédrin; ce que nous savons, c'est que le trône se laissa vaincre par cette parole inspirée et sympathique, et que, à la suite de cette audience solennelle, un premier rayon de liberté pour l'Eglise se montra, bien que timidement encore ; et c'en fut assez pour que le sol idolâtre poussât sa première fleur de christianisme après trois siècles de repos.

A l'œuvre donc, missionnaire ! à l'œuvre ! Hâtez-vous ! car déjà l'horizon se rembrunit ; il couve la tempête. Que le chrême de la consécration oigne au plus vite le front des deux églises que vous avez élevées à Yokohama et à Nangasaki ; puis, du sommet de la colline où les vingt-six martyrs croisaient dans les airs leurs bras sanglants, criez vers le ciel : « Seigneur, levez-vous ! » *Exurge,*

____

(1) Ps. CXVIII, 46.

Domine (1)! car voici venir de nouveau le cruel Amalec traînant aux prisons cinquante-cinq chefs de famille dévoués au glaive pour avoir embrassé la foi. Arrachez au tyran ces innocentes victimes ; dénoncez-le à la France ; regardez bien si entre les lignes du traité qu'il vient de consentir, il ne s'est pas glissé quelques mots perfides ; que l'empereur du Japon, que le Japon tout entier sache qu'un serment violé ne reste jamais impuni, et que la Fille aînée de l'Eglise est prête à venger l'honneur de sa Mère et de son drapeau.

Pendant que l'orage gronde autour du berceau de la chrétienté de Yokohama, M. Girard se rend en Europe pour le conjurer, accompagné d'un néophyte qu'il fait baptiser à Rome ; puis, s'arrachant de nouveau aux embrassements de sa famille et de ses amis de France, il reprend le chemin de l'extrème Orient, sa patrie adoptive, où désormais il veut vivre et mourir.

Une lettre admirable qu'il écrit de Yokohama, à la date du 27 juin 1867, scelle en quelque sorte son dernier testament. Pourquoi les limites de ce discours me condamnent-elles à ne vous en citer que quelques fragments ?

. . . . . « Tu veux que je te dise ce que je pense

(1) Ps. VII.

« de mon séjour au Japon ; je crois que je serais
« bien coupable de le quitter avant d'y avoir fait
« beaucoup plus de bien que je n'en ai encore fait,
« alors que je me sens la même force, la même vi-
« gueur, la même ardeur que quand je mis pour
« la première fois le pied sur la terre de Chine.....
« J'ai donné ma vie au Japon ; je m'y plais encore
« aujourd'hui comme au premier jour ; et quelque
« peu de bien qu'il m'ait été donné d'y faire, j'ai
« toujours l'intention d'y laisser mes os. . . . . .
« Ainsi, ne nous flattons pas inutilement de l'es-
« poir de nous revoir en ce monde ; faisons-en de
« nouveau le sacrifice à Dieu, et ne cessons point
« pour cela d'être unis constamment et étroite-
« ment d'intentions, de prières et de bonnes œu-
« vres, dans les sacrés et tout aimables cœurs de
« Jésus et de Marie. Prions chaque jour l'un pour
« l'autre, tant dans nos prières pour les vivants
« que pour les morts, afin que le premier de nous
« qu'il plaira à Dieu d'appeler à son tribunal ne
« soit pas un enfant privé du secours que Dieu,
« dans son infinie bonté, peut daigner attacher aux
« suffrages de l'autre ».

Dans cette lettre, il y a le chant du cygne et une
prédiction : Dieu donne à ses saints l'intuition de
l'avenir.

Il leur donne aussi, quand il lui plaît, une part

plus ou moins forte des tristesses du présent ; mais tôt ou tard il appuie amoureusement sa main divine sur leurs yeux pour en sécher les larmes, sur leur front pour effacer les rides de la souffrance, sur leur cœur pour l'ouvrir à des joies et à des consolations ineffables ; *secundùm multitudinem dolorum meorum in corde meo : consolationes tuæ lætificaverunt animam meam* (1). Demandez plutôt à Monsieur Girard, Pro-Vicaire apostolique du Japon, s'il songe aux angoisses de la veille en apprenant le lendemain de son retour que des villages entiers se sont transmis silencieusement, de génération en génération, l'héritage de foi que leur a laissé saint François-Xavier. Avec quel joyeux empressement il se dispose à recueillir ces précieuses épaves ! Mais Dieu lui dit: C'est assez de labeurs et de sacrifices. Bon et fidèle serviteur, tu as noblement accompli ta tâche. En donnant à l'immolation la plus belle part de ta vie, tes jours sont arrivés à cette plénitude qui vaut mieux que la plus longue existence (2). Je t'ai contemplé bravant les colères de l'Océan et les édits sanglants des rois idolâtres, pour aller me chercher des âmes aux extrémités du monde. Je veux dès maintenant solder la dette de tes services. Viens, que je te couronne !

(1) Ps. xciii, 19.
(2) *Dies pleni invenientur in eis.*

Tes aspirations me sont connues depuis long
temps : c'est le diadème des martyrs que tu vou
drais. Console-toi ; dix-neuf années de sueu
apostoliques ont à mes yeux la valeur du plus bea
sacrifice ; le sang de l'âme pèse autant dans ma b
lance que le sang qui coule sous le glaive. Mour
au Japon en face des cachots et des bourreaux, c'e
mourir pour moi. Et qu'importe que le marty
t'ait manqué, si tu n'as pas manqué au martyre

Et Dieu envoyait à son apôtre une maladie dor
les progrès devaient déjouer toutes les prévision
humaines.

Le 9 décembre l'athlète de Jésus-Christ se pré
parait au dernier combat. Sa prière était plu
ardente encore que la fièvre qui le dévorait ; se
lèvres entr'ouvertes pressaient à chaque instar
avec effusion les images de Jésus crucifié et de l
douce Vierge Marie, tandis que la dernière onctio
le baptisait dans la force. Sentant que l'heure es
venue, il fait un suprème effort pour s'arrache
aux étreintes de son agonie ; il ne veut pas que l
mort emporte sa pensée la plus intime et la plu
chère, et il va la jeter à ceux qui l'entourent, ave
un accent qu'on dirait être celui d'un prophète
« Non, dit-il, le Saint-Père ne sortira jamais d
« Rome ». Puis, levant doucement la tête, san
doute pour mieux contempler l'astre de la papaut

qui monte avec une majesté incomparable derrière les nuages sombres qui enveloppent l'horizon de la Ville éternelle ; sans doute aussi pour saluer de son regard la glorieuse phalange des témoins du Seigneur qui viennent à sa rencontre ; à la manière des héros qui montent à l'assaut avec la certitude de la victoire, il pousse ce cri sublime que je voudrais enchâsser dans l'or sur sa tombe :

« ROME ET LE JAPON ! »

Ce cri devait être le dernier. De pieux témoins l'ont recueilli pour l'attacher au front de la mémoire de cet illustre mourant, et il s'inscrira de lui-même au blason des divines destinées et des immortelles conquêtes de l'Eglise de Jésus-Christ...

Pour ne pas ajouter à mon émotion et à la vôtre, je ne vous ferai pas assister au deuil de la colonie ; je ne vous montrerai pas les représentants des grands peuples de France, de Prusse et d'Angleterre, les résidents de toutes les nations *s'unissant pour rendre un dernier tribut de respect à la dépouille mortelle de l'un des hommes les plus capables et les plus estimables que Yokohama ait jamais possédés* (1). « *Cecidit, et fleverunt eum omnis populus planctu magno* (2) ». Que les soldats sous les armes honorent ses obsèques ; que les pavillons de toutes

(1) Journal *The Japon Gazette*, 11 décembre.
(2) I Mach., chap. IX, v. 18, 20.

nations se mettent en berne ; cet hommage est bien dû à la mémoire d'un homme que *sa bonté de caractère , douce et sans prétention , a rendu cher à tous ceux qui l'ont connu, et qui a consacré sa vie au salut de tous* (1). Retenons seulement cette parole du ministre d'Angleterre qui dit plus que tout un discours : *Il vivra longtemps par ses exemples ; car ils furent grands en eux-mêmes et instructifs pour nous.*

Mes Frères,

Quand j'entends des peuples de race différente, divisés de mœurs, d'habitudes, de langage, d'intérêts , revendiquer comme une gloire d'avoir possédé au milieu d'eux le missionnaire qu'ils regretteront aussi longtemps que nous le pleurerons nous-mêmes, je me demande si la cité qui a vu naître un tel homme n'a pas le droit d'être plus fière encore.

Henrichemont ! Non, tu n'es pas la moindre entre les villes de ta province, car, dans ces derniers temps tu as donné deux apôtres à l'Eglise de Jésus-Christ : l'un pontife (2), travaillant à l'heure qu'il est, avec une intelligente et infatigable activité, à la moisson des âmes dans un beau

(1) *The Japon Gazette.*
2) Mgr Dabert, évêque de Périgueux et de Sarlat.

iocèse de France ; l'autre, simple missionnaire, ppelé, quoique plus jeune, par le Maître du emps au glorieux repos des bons ouvriers.

Dans l'histoire de toute vie humaine, il y a deux ages qui, hélas ! se suivent de bien près : l'une aconte les douces joies du berceau, l'autre les ouloureuses émotions de la tombe. Quand ces eux pages ont été parcourues, il ne reste plus u'à fermer le livre et à le remettre à la famille, ux amis, au pays auxquels il appartient. C'est là e que je voudrais faire en ce moment ; mais, aut-il vous l'avouer ? Je suis hésitant. Je me de- nande à qui reviennent de droit la vie et la mort e Monsieur Girard ; à la France ou au Japon ? A Ienrichemont ou bien à Yokohama ? Soyons jus- es ; cette vie et cette mort nous appartiennent tout ntières, comme elles appartiennent tout entières u Japon. Ici, je vois un berceau ; là-bas, j'aper- ois une tombe ; ici, je vois un cœur qui s'immole ; à-bas un cœur qui se dévoue ; ici des larmes, à-bas des regrets. Partageons la gloire de ces ouvenirs émus, et nous la doublerons.

Scipion, dans son indignation contre Rome, s'é- riait : « Ingrate patrie, tu n'auras pas mes os ! » coutez Monsieur Girard, et prononcez entre ces eux hommes : « O terre du Japon, ma patrie adoptive ; je le sais, tu as soif de mon sang ; n'im-

« porte ! Je t'ai donné mon cœur et ma vie, je ve[...]
« encore te laisser mes os ».

Eh bien ! puisqu'il l'a voulu , reposez là-bas, v[...]
nérables ossements d'un compatriote désorma[...]
illustre, d'un ami plein de cœur et chéri entre tou[...]
Dormez en paix à l'ombre de l'autel, sur le [...]
d'honneur qui vous a été préparé ; et si quelq[...]
japonais vient à fouler la terre de votre repos, po[...]
aller stupidement au culte de ses idoles, leve[...]
vous, et dites-lui de votre voix la plus forte : « [...]
« vas-tu, insensé? Arrête ! Jésus-Christ seul a dr[...]
« à tes adorations et à tout l'amour de ton cœur. [...]
« genoux devant sa croix ! A genoux devant s[...]
« Evangile ! A genoux devant ton Dieu ! Et qui e[...]
« semblable à lui? *Omnia ossa mea dicent : D[...]*
« *mine, quis similis tibi* (1) ? »

Vénérables dépouilles, que rien ne vous pr[...]
fane ! Que rien ne vous dissipe ! Que les anges [...]
Japon vous gardent ! Qu'ils vous transmettent [...]
ce moment la rosée vivifiante de nos prières, de n[...]
sacrifices, des larmes d'une famille qui vous f[...]
si chère, d'amis presque inconsolables, en atte[...]
dant que la lumière de Dieu se lève et vous inon[...]
de ses immortelles clartés !

(1) Ps. xxxiv.

Bar. — Typ. L. Guérin et Cᵉ.